글 **임정은**

고려대학교에서 교육학을, 경희대학교 대학원에서 박물관미술관교육을 공부했어요. 독립기념관에서 학예연구사로 일하며 독립운동의 역사와 정신을 알리기 위해 노력해왔지요. 태극기의 진정한 의미와 가치를 어린이 친구들과 나누고 싶어서 이 책의 글을 썼답니다.

그림 **원혜진**

만화를 인생의 교과서로 삼고 어린 시절을 보냈어요. 쓰고 그린 역사 만화 《아! 팔레스타인》으로 부천국제만화대상 어린이상을 받았어요. 그린 책을 《책으로 집을 지은 악어》《프랑켄슈타인과 철학 좀 하는 괴물》《그림으로 보는 세계사1-고대사 이야기》《다른 게 틀린 건 아니잖아》《악마가 만든 다리》《세상에서 가장 소중한 내 보물》 들이 있어요.

나는 태극기입니다

나는 태극기입니다

초판 1쇄 발행 2020년 2월 25일
초판 6쇄 발행 2023년 12월 25일

글	임정은
그림	원혜진
편집	정미진·김채은 | **디자인** 샘솟다
제작	박천복 김태근 고형서 | **마케팅** 윤병일 유현우 송시은
펴낸이	김경택
펴낸곳	(주)그레이트북스
등록	2003년 9월 19일 제313-2003-000311호
주소	서울시 구로구 디지털로31길 20 에이스테크노타워5차 12층
대표번호	(02) 6711-8673
홈페이지	www.greatbooks.co.kr
ISBN	978-89-271-9619-8 73910

※이 책은 저작권법에 따라 보호받는 저작물이므로 무단전재와 무단복제를 금합니다.

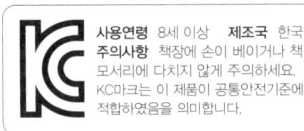

사용연령 8세 이상 **제조국** 한국
주의사항 책장에 손이 베이거나 책 모서리에 다치지 않게 주의하세요.
KC마크는 이 제품이 공통안전기준에 적합하였음을 의미합니다.

나는 태극기입니다

임정은 글 | 원혜진 그림

   만나서 반가워. 난 우리나라 국기, 태극기야.

   우리 처음 보는 건 아니지? 국경일에 나를 달아 본 친구도 있고, 월드컵이나 올림픽 때 나와 함께 우리나라 선수들을 응원한 친구들도 있을 거야. 그러고 보니 우리, 얼굴은 아는 사이였네.

   내가 우리나라 대표 상징물인데도 얼굴만 얼핏 알고, 내가 어떤 일들을 경험했는지 모르는 친구들이 많더라고. 아! 서운해라.

   자, 그럼 지금부터 내 소개를 해 볼게. 그런데 내 소개를 하려고 하니 조금 복잡하네. 난 내가 언제 태어났는지 정확히 모르거든.

1882년 조선과 미국이 조미 수호 통상 조약•을 맺을 때 나를 처음 보았다는 이야기가 있어. 같은 해, 당시 조선의 왕이었던 고종의 명으로 박영효••가 일본에 갈 때 배에서 나를 만들었다는 기록도 있지.

확실한 사실은 1883년 왕명으로 나를 우리나라 국기로 삼았다는 거야. 처음에는 나를 그리는 방법을 정확히 정하지 않아서 겉모습이 조금씩 달랐어. 1949년 국기를 그리는 법이 만들어 지고서야 지금과 같은 모습이 되었지.

모습은 조금씩 달랐지만 난 고종 때부터 지금까지 140여 년 동안 묵묵히 국기로서 최선을 다했다고 자신 있게 말할 수 있어. 나라에 기쁜 일이 있을 때나 슬픈 일이 있을 때나 항상 우리 민족과 같이 있었거든. 우리나라의 역사적 순간마다 내가 함께한 셈이지.

지금부터 나와 함께 내가 있었던 역사 속으로 가 보지 않을래? 조금은 긴 여행이 될 테니까 잘 따라와 줘!

• 조선과 미국이 서로 지켜 주고, 서로의 물건을 사고팔기 위해 맺은 조약
•• 조선 말기의 관료이자 정치가. 젊은 시절에는 애국심이 강한 관료였지만 일제 강점기에는 친일파로 변절했어.

차례

들어가며
안녕? 나는 태극기야   4

대한 제국을 대표하다   8
주미 대한 제국 공사관 엽서 속 태극기

의병의 선두에서 당당하게   14
불원복 태극기와 안중근의 '대한독립' 혈서 태극기 엽서

3월 1일 만세를 외치다   24
태극기 목판과 진관사 소장 태극기

폭탄을 들고 일본에 맞서다   32
한인 애국단 태극기

가슴에 품고 달리다   40
손기정, 남승룡의 태극기

광복군에게 힘을 보태 주오   46
김구 서명문 태극기

그리운 내 나라로 가자 —— 52
환국 사진 속 태극기

대한민국의 국기가 되어 —— 56
정부 수립 국민 축하식 속 태극기

나라의 대표로 자랑스럽게 —— 62
1948년 런던 올림픽 속 태극기

전쟁 속에서 함께 아파하다 —— 68
경주 학도병 서명문 태극기

민주주의를 위하여 —— 74
혁명 속 태극기

우리의 땅 독도를 지키다 —— 86
지키는 이들과 함께하는 태극기

마무리하며
우리가 살아갈 대한민국 —— 94

태극기에 대한 모든 것 —— 98

관사공국대한대은싱와국미 KOREAN LEGATION, WASHINGTON, D. C.

 주미 대한 제국 공사관 엽서

대한제국을 대표하다

주미 대한 제국 공사관 엽서 속 태극기

엽서에서 멋지게 펄럭이고 있는 나를 찾아볼래? 건물 가장 높은 곳에 있으니 아마 눈에 금방 띌 거야. 이 멋진 건물은 어디에 있던 걸까? 딱 봐도 우리나라는 아닌 것 같지 않니? 맞아. 건물이 있었던 곳은 바로 미국이야.

엽서 가장 아랫부분을 보면 건물 정보를 알 수 있는 글씨가 적혀 있어. 한번 읽어 볼까? 혹시 '관사공국제한대톤싱와국미'라고 읽지는 않았니?

이 엽서는 지금으로부터 120여 년 전 만들어졌어. 그러니까 그때 글을 읽던 방향대로 오른쪽에서 왼쪽으로 읽어야 돼. 자, 그럼 다시 읽어 볼까? 미국와싱톤(워싱턴)대한뎨(제)국공사관. '와싱톤'은 워싱턴을, '뎨국'은 제국을 당시 표현대로 쓴 거야.

이 건물은 미국의 수도인 워싱턴 D.C.에 있었고, 대한 제국을 대표하는 외교관이 머물며 미국과 관련된 나랏일을 보던 곳이야. 이런 곳을 공사관이라고 하지.

이 엽서는 1900년대 미국에 있던 우리나라 사람들이 가지고 있었다고 해. 엽서를 잘 보면 건물은 사진인데 나는 사람들이 손으로 그려 넣은 게 보여. 이 건물이 대한 제국 공사관이라는 사실을 알리고 싶었던 사람들이 내가 눈에 잘 띄는 곳에 있어야 한다고 생각해서 그려 넣은 것 같아.

눈에 잘 띄지 않지만 내가 있는 곳이 또 있어. 잘 찾아 봐.

건물 입구를 한번 확대해 볼까? 이제 내가 보이니?

나는 공사관 건물 입구에 동그랗게 새겨 있어. 이렇게 공사관 건물 입구에 새겨진 것만 봐도 내가 국제적으로 대한 제국을 대표하는 상징물로 인정받았다는 사실을 알 수 있겠지?

국제 사회에서 나를 대한 제국 국기로 인정한다는 건, 곧 대한

미국 워싱턴에 있던 주미 공사관 입구를 확대한 사진이야. 가운데 동그란 태극기가 보이니?

제국을 국기가 있는 독립된 나라로 인정하는 것을 의미해. 이건 나에게 정말 중요한 문제였어. 우리나라를 빼앗으려는 자들이 있었거든. 그 시작은 1876년 강화도 조약이었지.

일본의 지나친 욕심

일본은 강화도에 쳐들어와 강제로 우리나라의 항구를 개방하는 강화도 조약을 맺었어. 이 조약으로 우리나라에 외국인이 들어오게 되었고, 그들과 물건을 사고파는 거래도 시작되었지. 이런 걸 교류한다고 해.

다른 나라들이 우리나라와 교류했던 이유는 자기 나라의 이익을 위해서였어. 그런데 일본은 여기서 그치지 않고 우리나라 전체를 집어삼키려 했어.

호호. 조선은 이제 일본의 것이다!

우리나라는 일본으로부터 나라를 지키기 위해 1897년, 나라 이름을 조선에서 대한 제국(帝황제 제, 國나라 국)으로 바꾸었어. 그런 다음 대한 제국은 누구도 넘볼 수 없는 독립된 나라라는 사실을 국제 사회에 알리려 노력했지. 내가 할 수 있는 일은 부지런히 외국을 다니면서 대한 제국을 알리는 것이었단다.

나는 대한 제국을 알리기 위해 머나먼 미국까지 건너갔어. 사실 고생길이 훤했지. 비행기도 없고, 배편도 좋지 않아 가는 데 한두 달은 족히 걸렸거든. 그뿐만이 아니야. 대부분 우리나라에 관심이 없었기 때문에 대한 제국을 알리는 게 쉽지 않았어. 떠나온 고향 생각에 울적한 날도 많았지.

 미국에 살던 우리나라 사람들은 하루에도 몇 번씩 나를 찾아와 가족을 떠올리며 울었어. 그럴 때면 나도 울컥했지. 잘살아 보겠다고 먼 나라까지 왔지만 정착하기 쉽지 않아 무척 힘들었던 거야.

 그런 사람들에게 내가 힘이 된다고 생각하니 고생은 아무것도 아니었어. 더 힘을 내서 사람들이 있는 곳이라면 어디든 찾아가 위로해 주었지. 우리나라가 역사상 가장 혼란스러웠던 그때, 난 그들이 지켜야 할 나라와 같았고, 그들은 나를 지켜 주는 가족이자 친구였어.

고광순의 불원복 태극기

의병의 선두에서 당당하게

불원복 태극기와 안중근 '대한독립' 혈서 태극기 엽서

내 이마에 수놓인 붉은색 글자가 보이니? 오른쪽에서부터 불원복(不遠復)이라고 적혀 있어. 아니 불(不), 멀 원(遠), 회복할 복(復)이 모인 이 단어는 '나라를 되찾는 일이 멀지 않았다.'라는 의미야.

태극기인 나를 만들고, 불원복이라 수를 놓은 사람은 바로 고광순 의병장이야. 주로 전라남도 구례 일대에서 의병 활동을 했지. 의병은 나라가 위기에 처했을 때 자발적으로 나서서 싸우는 사람들을 말하고, 의병장은 의병들의 대장을 말해.

고광순은 일본이 1895년 우리나라 왕비였던 명성 황후를 죽였을 때, 1905년 우리나라 외교권을 빼앗아 갔을 때 동료들을 모아 일본에 맞서 싸웠어.

1907년 의병 부대의 사기를 높이기 위해 불원복이라 새긴 나를 만들어 부대가 머무는 곳에 세워 두었고, 일본군과 싸울 때는 항상 가슴에 품고 다녔어. 그해 10월 일본군이 고광순이 머물던 곳을 공격하자 최후의 순간까지 저항하다가 장렬히 전사했지. 나는 고광순의 마지막 순간을 지켰어.

나라를 되찾을 수 있다는 희망을 놓지 않았던 고광순의 죽음을 보며 나는 결심했어. 나도 의병처럼 나라를 지키기 위해 애쓰는 사람들 옆에 항상 있겠다고.

보라! 나, 고광순은 독립을 위해 끝까지 싸울 것이다!

매켄지가 남긴 의병 사진

독립을 향한 의지가 아무리 강해도 의병들과 함께 싸울 때면 안타깝고 슬펐어. 아래 사진을 한번 봐 줄래? 우리나라에서 활동한 영국 〈데일리메일〉 신문의 매켄지 기자가 1907년 경기도 양평에서 찍은 의병들 모습이야.

의병이라고 했는데 군복을 입은 사람들도 보이지 않니? 그건 1907년 일본이 고종을 왕위에서 쫓아내고, 대한 제국 군대를 해산시키자 군인 일부가 의병에 참여했기 때문이야. 하지만 대부

 매켄지가 찍은 의병 사진이야. 정식 군인은 아니지만 나라를 지키겠다는 의지만큼은 누구보다도 단단해 보여.

분은 낡은 한복을 입고, 전투 경험도 거의 없는 일반인이었지. 모두 모양이 다른 총을 들고 있었는데 매켄지 눈에는 그중에 성한 것이 거의 없었대.

의병에게는 군복도 무기도 턱없이 부족했어. 가진 것이라고는 나라를 위한 마음뿐이었지. 이기기 힘든 전쟁에 참여한다는 건 쉽지 않은 일이야. 그런데도 왜 그들은 의병이 되었을까?

매켄지도 궁금했나 봐. 의병을 이끌던 장교에게 물어봤대. 일본을 이길 수 있는 상황인지 말이야. 장교는 자신들의 미래가 밝지 않다는 것을 인정하면서 대답했지. "우리는 어차피 싸우다 죽게 되겠지요. 그러나 좋습니다. 일본의 노예가 되어 사느니 자유민으로 죽는 것이 훨씬 낫습니다."

매켄지는 자신이 만났던 의병들의 이야기를 세상에 알리기 위해 사진을 찍어 남겼어. 사진을 찍을 때 나는 없었지만 그때 이야기를 나중에 전해 듣고 얼마나 울었는지 몰라.

우리는 일본의 노예가 되어 사느니 자유민으로 죽는 것이 훨씬 낫소!

이렇게 가슴을 울리는 수많은 의병들의 이야기가 있지만 나에게 의병하면 가장 먼저 떠오르는 사람은 따로 있어. 아마 모두 잘 알고 있을 거야. 바로 안중근 의사야.

민족의 원흉을 처단한 안중근

안중근은 학교를 세워 나라를 지킬 인재를 길러 내기도 하고, 러시아에서 활동하던 의병 부대에 들어가 일본 군대에 맞서 싸우기도 했어. 조국이 일본에 침략당하는 과정을 보면서 독립을 향한 의지를 불태우며 끝까지 싸우겠다고 나에게 이야기하곤 했지.

1909년 2월에는 러시아 연추에서 '단지동맹'을 만들었어. 단지동맹은 안중근과 동지 11명이 독립운동에 헌신하기 위해 만든 단체야. 왼손 네 번째 손가락 첫 마디를 잘라 흘린 피로 '대한독립'이라 쓰면서 안중근은 나에게 맹세했어. 나라를 위해 목숨까지 바치겠다고.

안중근은 나와의 약속을 잊지 않았어. 우리나라 침략에 앞장섰던 이토 히로부미가 러시아의 높은 관리를 만나기 위해 만주 지역에 온다는 소식을 듣고, 그를 처단하겠다고 마음먹었어. 그리고 드디어 그날이 왔지.

1909년 10월 26일, 안중근은 하얼빈 역에 도착한 이토 히로부미를 총으로 쏘아 처단했어. 그러고는 하늘을 향해 큰 소리로 대한 만세라는 뜻의 러시아 말 '꼬레아 우라'를 세 번 외쳤어. 이후 그 자리에서 러시아 헌병에게 잡혀 뤼순 감옥에 갇히고 말았지.

　안중근에게 총탄 세례를 받은 이토 히로부미는 바로 숨을 거두었어. 이 사건은 곧 우리나라 안팎으로 전해졌어. 안중근의 의도대로 전 세계에 한국의 독립 의지를 알리게 되었지.

　한편 일본은 안중근이 재판을 받는 동안 변호사를 세우지 못

하게 하고 그를 방해했어. 그럼에도 불구하고 안중근은 이토 히로부미의 죄악을 알리며 끝까지 당당함을 잃지 않았어.

안중근을 위하여

이 소식을 들은 외국에 사는 한국인들은 안중근의 재판 비용을 모으기 위해 모금 운동을 하고, 엽서를 제작해서 팔았어. 아래 엽서가 바로 그때 만든 안중근의 '대한독립' 혈서 태극기 엽서야.

1909년에 만들어졌다고 추정되는 안중근 혈서 엽서야. 크기는 가로 9cm, 세로 11cm래.
이 엽서는 안중근의 의거가 한국인의 독립 의지를 일깨우는 데 큰 역할을 했다는 사실을 보여 주는 귀중한 자료야.

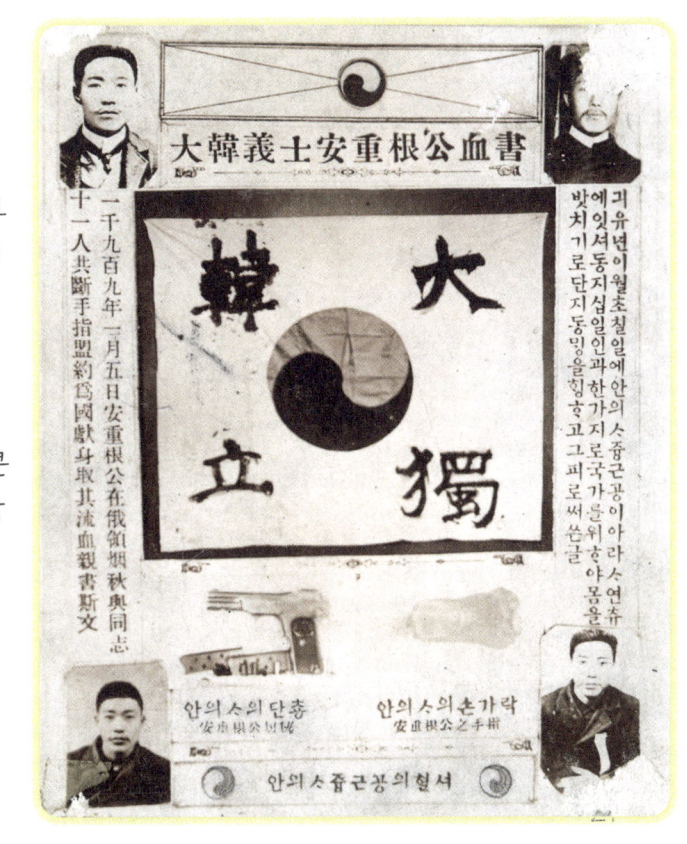

엽서 네 귀퉁이에는 안중근의 모습이 있고, 위에는 한자로 '대한의사안중근공혈서'라고 적혀 있어. 아래에는 단지동맹을 맺을 때 잘라 낸 손가락과 의거 당시 안중근이 썼던 총이 보여. 한가운데에는 안중근이 손가락을 잘라 흘린 피로 '대한독립'이라고 쓴 내가 보이고.

조국을 위해 헌신했던 안중근의 모습을 알릴 수 있어서 나는 이 엽서를 참 좋아해.

이토 히로부미를 처단한 안중근은 일본으로부터 사형 선고를 받았고, 1910년 3월 26일 31살의 나이로 뤼순 감옥에서 죽음을 맞이했어. 순국 직전 안중근은 면회 온 동생들에게 유언을 남겼어.

"내가 죽은 뒤에 나의 뼈를 하얼빈 공원 곁에 묻어 두었다가 우리 국권이 회복되거든 고국으로 옮겨다오. 나는 천국에 가서도 우리나라의 국권 회복을 위해 힘쓸 것이다. 너희는 돌아가서 동포들에게 책임을 지고 국민된 의무를 다하여 마음을 같이하고 힘을 합해 공로를 세우고 업을 이루도록 일러다오. 대한 독립의 소리가 천국에 들려오면 나는 마땅히 춤추며 만세를 부를 것이다."

의병과 안중근의 노력에도 불구하고 우리는 1910년 8월 29일 일본에 나라를 빼앗기고 말아. 너무나 원통하고 안타까운 일이었지.

일본으로부터 나라를 지키지는 못했지만, 나는 끝까지 싸웠던 사람들이 있었기에 지금의 우리가 있다고 생각해. 의병과 안중근의 정신을 본받은 사람들이 계속해서 독립을 위해 싸웠으니까 말이야. 우리 민족이 영원히 기억해야 할 고귀한 정신이야.

덕수궁 앞에서 열린 3.1 운동 1919년 3월 1일 덕수궁 앞에서 맨손으로 만세를 부르는 사람들 모습이야. 우리나라 독립을 주장하는 선언을 듣고 감동해 바로 거리로 뛰쳐나와서 미처 태극기를 준비하지 못했나 봐.

3월 1일
만세를 외치다

태극기 목판과 진관사 소장 태극기

일본이 지배하던 때, 우리나라에서 나를 보기란 쉽지 않았어. 태극기를 보는 한국인이라면 누구라도 잃어버린 조국을 생각했을 테니 일본이 가만히 두지 않았겠지.

일본의 감시에도 불구하고 당시 우리나라 전 지역에 태극기가 나부끼며 '대한 독립 만세' 소리가 끊이지 않았던 적이 있었어. 바로 1919년 3.1 운동 때야.

3월 1일 이후 수개월 동안 전국 방방곡곡에서 만세 소리가 울려 퍼졌어. 만세 소리와 더불어 나도 한없이 휘날렸지. 아마 우리나라가 생긴 이래로 태극기가 이렇게 많이 만들어진 건 처음이었을 거야.

사실 나는 국기 중에서도 그리기 까다로운 편이야. 건곤감리, 그러니까 4괘가 헷갈리기 쉽거든. 게다가 당시에는 나의 정확한 모습도 정해지지 않았으니 그리기 더 힘들었을 거야. 하지만 만세를 부르는 이유가 조국의 독립과 우리 민족의 자유라는 것을 분명히 하려면 나라의 상징인 내가 꼭 필요했지.

사람들은 나무 판에다 태극과 4괘를 새겨 잉크를 묻힌 다음 종이에 찍어 내는 방식으로 나를 만들었어. 아래는 그때 사용한 목판 사진이야.

3.1 운동 때 쓰였던 태극기 목판이야. 이때는 정사각형 모양의 태극기를 만들었나 봐.

일장기를 지운 태극기

대량으로 찍어 낸 태극기를 쓴 사람도 있었지만 만세 운동을 위해 직접 손으로 만든 사람들도 있었어. 아래 태극기 모습을 자세히 살펴봐.

진관사 소장 태극기야. 태극기 아래로 빛바랜 일장기가 보이니?

이 태극기는 원래 다른 나라 국기였어. 어느 나라 국기일까? 힌트를 주자면 일본 지배에 있던 당시 우리나라 사람들이 가장 쉽게 구할 수 있는 국기였어. 그래, 바로 일본 국기 일장기야.

일장기에 태극과 4괘를 덧대 나를 그렸지. 이 태극기는 2009

년 5월 서울 은평구에 있는 절 진관사 건물을 고치면서 발견됐어. 같이 발견된 신문의 발행 일자가 1919년 6~12월인 걸로 보아 3.1 운동 때 진관사에 머물던 스님이 갖고 있던 것이라 추측돼.

썩 기분 좋진 않지만 기발하지 않니? 그런데 스님은 왜 일장기에 나를 그려 넣었을까? 지금은 우리가 일본에 속해 있지만 언젠가는 조국을 꼭 되찾겠다는 마음으로 일장기 위에 나를 그리지는 않았을까?

선교사를 울린 만세 운동

만세 운동은 당시 우리나라에 들어와 있던 외국인 선교사들을 감동시켰어. 일본이 총과 칼을 들고 막는데도, 조국의 독립을 위해 나이, 성별, 재산에 상관없이 모두 한마음으로 만세를 부르는 것을 보고 놀라워했다고 해.

특히 누가 시키지도 않았는데 어린이들이 만세 운동을 하는 것이 매우 인상적이었대. 그래서 어린이들이 어떻게 만세 운동을 했는지 외국에 소식을 전했는데, 미국에서 그 내용을 엮어 책으로 만들었어. 바로 《한국의 어린 순교자들(Little Martyrs of Korea)》이라는 책이야.

 《한국의 어린 순교자들》 표지야. 1919년에 발행되었고 가격은 10센트로, 지금 환율로는 120원 정도야.

책의 가장 윗부분에 영어로 만세(Mansei)라고 적혀 있고, 한가운데에 태극이 그려져 있어. 책에 있는 글귀와 태극만 보아도 어떤 내용이 담겨 있을지 상상이 되지?

그중 3.1 운동 때 내가 경험했던 이야기가 담겨 있어 소개하려고 해. 제목은 '숨바꼭질'이야.

3월 5일에 나는 한국인들의 국기 사랑을 볼 수 있는 또 하나의 사건을 보았다. 3.1 운동 중에서 가장 큰 만세 시위는 3월 5일에 벌어진 것이었다. 그때 나는 길모퉁이에 서서 수천 명이 주먹을 위로 올리고, 독립을 절규하며 거리를 휩쓰는 장면을 보았다. 그들의 얼굴은 조국에 대한 사랑으로 가득 차 있었고, 눈에는 속박된 조국을 자유롭게 하려는 열망이 불타고 있었다.

갑자기 한 청년이 인력거 위로 튀어 올라가더니 국기를 머리 위로 높이 들고 민족의 함성인 "만세! 만세! 만세!"를 외쳤다. 항상 경계 태세에 있는 일본 경찰은 깃발을 빼앗으려고 있는 노력을 다했다. 그러나 청년은 경찰이 접근하는 모습을 보자 국기를 접어서 가

이걸 가지고 가렴. 어서!

까이 있던 소년에게 넘겨주었다. 경찰은 깃발이 없는 청년을 체포하여 서둘러 감옥으로 끌고 갔다.

깃발을 받은 소년은 다른 한국인이 했던 것과 꼭 마찬가지로 국기를 머리 위로 흔들었다. 경찰이 깃발을 빼앗으려 했으나 또다시 재빨리 접혀 군중 속으로 넘겨졌다. 경찰은 깃발을 빼앗으려고 노력했지만 깃발은 몇 번이고 접혀 군중 속으로 넘겨졌다.

길모퉁이에 서 있는 동안 나는 많은 사람이 깃발을 흔들다가 끌려가는 것을 보았다. 그러나 깃발이 잡히는 장면은 결코 목격하지 못했다.

내가 당시 한국인들에게 어떤 의미였는지 느껴지지 않니? 이때부터 우리나라 사람들은 불의를 보면 저항하기 위해 나를 내세우며 거리로 나왔던 것 같아. 나라를 상징하는 태극기 앞에 부끄럽지 않아야 한다고 생각했기 때문이 아닐까?

전 세계는 만세 운동을 보면서 깊이 감동했고 우리를 응원했어. 나 역시 사람들과 함께 만세를 외쳤고 우리의 용감한 행동이 자랑스러웠지. 그리고 그 덕분에 언젠가는 반드시 독립하는 날이 올 거라고 믿었어.

한인 애국단의 이봉창(왼쪽)과 윤봉길(오른쪽)

폭탄을 들고
일본에 맞서다

한인 애국단 태극기

3.1 운동 이후 나는 더 바빠졌어. 그 뒤로 해외에서의 독립운동이 거세졌거든. 나는 나라 안팎의 독립운동 현장과 1919년 4월 11일 중국 상하이에 만들어진 대한민국 임시 정부에도 가 있었어.

대한민국 임시 정부는 황제가 주인이었던 '대한 제국'과 달리 독립된 조국은 국민이 주인인 '대한민국'이 되어야 한다는 뜻을 처음으로 내세운 정부야. 그런 의미에서 지금 우리가 사는 대한민국의 시작점이라 할 수 있어.

임시 정부는 일본의 감시를 피해 중국에서 활동했지만 그마저도 쉽지 않았어. 그런 상황에서 김구는 1931년 한인 애국단이라는 비밀 단체를 만들었어. 침략자를 처단하여 한국인의 독립 의지를 알리고, 임시 정부를 중심으로 사람들을 뭉치게 하기 위해서였지.

한인 애국단에서 활동한 대표적인 인물이 이봉창 의사와 윤봉길 의사야. 두 사람은 한인 애국단에 입단하면서 나와 함께 사진을 찍었어. 손에는 무기를 들고 목에는 선서문을 걸고서 말이야.

그들은 나라를 위해 기꺼이 목숨을 내놓기로 마음먹었어. 이 사진은 그런 결심을 하면서 찍은 사진이야. 의미를 생각하면 슬픈 사진이기도 하지.

일본인을 놀라게 한 이봉창 의거

이봉창은 한인 애국단의 첫 번째 단원이었어. 이봉창이 나와 함께 사진을 찍었을 때 김구도 같이 있었어. 김구는 젊은 나이에 목숨을 내놓겠다는 이봉창의 결의를 보며 마냥 기쁘지만은 않았던 모양이야. 그런 김구를 보며 이봉창은 이렇게 말했지.

"저는 영원한 기쁨을 누리고자 이 길을 떠나니 우리 두 사람, 기쁜 얼굴로 사진을 찍으십시다."

나는 억지로 미소 짓는 김구와 활짝 웃는 이봉창을 조용히 응원할 수밖에 없었어.

이후 이봉창은 일본으로 넘어가 1932년 1월 8일, 도쿄에서 삼엄한 경계를 뚫고 일왕의 마차를 향해 수류탄을 던졌어. 비록 일왕을 처단하지는 못했지만 한국인의 저항 의지를 일본인들에게 강렬하게 알렸지. 이봉창은 같은 해 10월 이 사건으로 사형당하고 말았어.

윤봉길 의거가 성공하다

윤봉길은 이봉창의 도쿄 의거를 보고 감동받아 김구에게 함께하겠다는 뜻을 밝혔어. 그는 고향을 떠날 때 장부출가생불환(丈夫出家生不還)이라는 글을 남겼어. '대장부가 집을 나서면 뜻을 이루기 전에는 돌아오지 않는다.'라는 뜻이지.

윤봉길의 뜻을 이루는 날은 생각보다 빨리 왔어. 1932년 4월

29일 일본이 상하이 침략 전쟁 승리와 일왕 생일을 기념하기 위해 마련한 홍커우 공원 행사장에서 일본인 침략자를 처단하기로 했지.

윤봉길은 사진에서 본 것처럼 자신의 뜻을 펼칠 기회가 다가오자 긴장했던 것 같아. 하지만 행사장으로 떠나기 전에는 김구와 아침 식사를 하며 매우 태연한 모습을 보였다고 해.

나중에 김구에게 직접 들은 이야기인데, 의거 날 아침 7시 윤봉길은 이제 자신에게는 1시간밖에 쓸모가 없다면서 새로 산 자신의 시계와 낡은 김구의 시계를 바꾸자고 했대. 다시 돌아오지 못하리라고 짐작했던 거지.

부디 잘 다녀오게!

홍커우 공원에 도착한 윤봉길은 일본의 침략자들을 향해 폭탄을 던졌고, 의거는 성공했어. 오른쪽 사진이 의거 직전 행사장 모습이고, 아래 사진이 의거 직후 행사장 모습이야. 폭탄이 터진 후 혼란스러웠던 당시 상황이 보여.

1932년 4월 29일, 윤봉길 의거 전(위) 후(아래)의 홍커우 공원 모습이야. 의거를 성공시켜 전 세계를 놀라게 한 윤봉길은 고작 24살이었다고 해.

전 세계에 울려 퍼진 독립 의지

한인 애국단 단장 김구는 중국 신문에 편지를 보내 의거를 계획한 사람이 자신이라며, 조국의 독립과 자유를 위해 일본인 침략자를 처단했다고 밝혔지. 누가 저질렀는지 알 수 없이 일반 사람들까지 무자비하게 죽이는 테러와 달랐던 거야.

일본이 중국까지 노리고 상하이 침략 전쟁을 벌인 상황에서 윤봉길 의거를 본 중국인들은 기뻐했어. 당시 중국의 유명한 정치가 장제스는 "중국의 100만 대군도 해내지 못한 일을 한 한국 청년이 해냈다."라고 이야기하기도 했어.

의거 이후 중국인들은 한국과 함께 일본에 맞서 싸워야 한다고 생각하고, 한국의 독립운동을 돕기 시작했어. 사실 그전에는 한국이 중국 땅에서 독립운동하는 것을 별로 좋아하지 않았거든.

두 젊은이가 그리워~

윤봉길과 이봉창의 의거를 계기로 한국의 독립운동은 더욱 활발해졌지만, 두 사람 모두 사형 선고를 받고 젊은 나이에 죽음을 맞이해. 아직도 눈을 감으면 90여 년 전 나라를 위해 목숨을 바치겠다고 맹세한 두 젊은이의 모습이 아른거려.

 베를린 올림픽 마라톤 시상대 위에 선 손기정(가운데)과 남승룡(왼쪽)

가슴에 품고 달리다

손기정, 남승룡의 태극기

 1919년 3.1 운동 이후 일본은 힘으로 우리나라를 지배하는 것이 효과적이지 않다는 사실을 깨달았어. 아무리 힘으로 억누르고 짓밟아도 독립운동은 더욱 거세졌고, 결국 3.1 운동까지 일어났으니까 말이야.
 3.1 운동에 놀란 일본은 지배 방식을 바꾸기로 했어. 신문을 다시 발행하게 해 주고, 문화 체육 활동을 허용해서 한국인을 달래기로 했지. 통치 방식이 달라지자 이를 기회로 삼아 다양한 체

육 단체와 경기들이 만들어졌고, 우리나라 사람들의 스포츠 실력도 나날이 늘었어.

1932년에는 미국 로스앤젤레스 올림픽에 한국인이 일본 대표로 참여했어. 바로 다음 올림픽인 1936년 독일 베를린 올림픽 마라톤에서 손기정 선수가 2시간 29분 19초 2라는 세계 신기록으로 금메달을, 남승룡 선수가 동메달을 땄지.

그런데 시상대에 오른 두 선수 얼굴에는 메달을 땄다는 기쁨이 전혀 없었어. 왜 그랬을까?

일장기 속에 숨겨진 태극기

동메달을 딴 남승룡의 옷에 달린 국기를 봐. 일장기가 달려 있어. 고통을 견디며 발로 뛰어 얻은 영광이 조국을 빼앗은 일본에게 돌아간다고 생각하니 두 사람은 전혀 기쁘지 않았던 거야. 오히려 나라를 잃은 수모를 더 처절하게 느꼈지.

그 때문인지 손기정은 들고 있던 월계수 나뭇가지로 옷에 새겨진 일장기를 가렸어. 나중에 손기정은 이렇게 이야기했어.

"나라 없는 백성은 개와 똑같아. 만약 일장기가 올라가고 일본 국가인 기미 가요가 연주되는 것을 알았다면 난 베를린 올림픽에서 달리지 않았을 거야."

어쩔 수 없이 일장기를 달고 달렸지만 손기정, 남승룡의 마음속에는 내가 있었을 거야.

손기정의 금메달 소식은 일본 지배 아래서 사는 한국인들에게 한없는 기쁨을 주었어. 하지만 시상대에 오른 선수들 사진은 나라를 빼앗겼다는 사실을 다시 깨닫게 해 주었지.

이런 상황을 가슴 아파한 〈동아일보〉 기자들은 1936년 8월 25일자 신문에 손기정의 우승 소식을 보도하면서 일장기를 지워 버렸어. 이 일로 관련된 기자들은 모두 일본 경찰로부터 조사를 받았고 신문도 발행되지 못했지.

손기정도 월계수 나무로 일장기를 가리려 했다는 이유로 더는 경기에 나가지 못했고, 평생 일본의 감시를 받았어. 손기정과 내가 공식적인 자리에서 마주할 수 있었던 순간은 1945년 일본으로부터 나라를 되찾은 후였지.

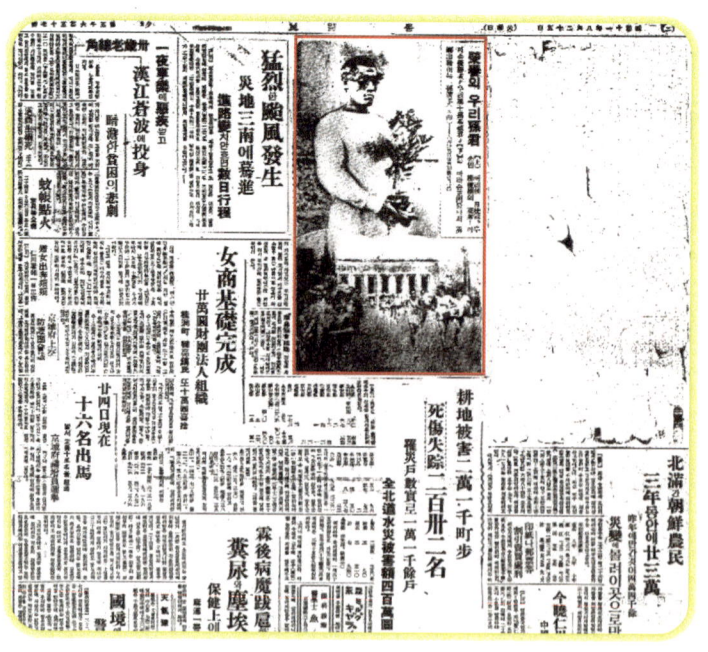

 〈동아일보〉에서 보도한 손기정의 베를린 올림픽 마라톤 우승 시상식 기사야. 월계수 나뭇가지 뒤로 일장기가 지워진 손기정의 옷이 보여.

태극기를 떳떳하게 흔들다

광복 축하 기념으로 1945년 10월 27일에 열린 전국 종합 경기 대회 개회식 사진이야. 맨 앞에 있는 사람이 바로 손기정이야. 되찾은 조국에서 나를 떳떳하게 들 수 있다는 사실에 감격해 눈물을 펑펑 흘리고 있어.

그때 나는 이렇게 위로했어.

 광복 축하 기념 전국 체전 개회식에서 기수로 선 손기정의 모습이야. 고개를 들지 못할 만큼 펑펑 눈물을 흘리고 있어.

"울지 말아요. 저도 알고 있어요. 당신의 마음속에는 태극기가 달려 있었다는 것을……. 고생했어요. 한국인의 자존심을 지켜 주어서 감사해요. 우리 모두 당신이 자랑스러웠어요."

김구의 서명문이 적힌 태극기

광복군에게 힘을 보태 주오

김구 서명문 태극기

매우사(미우스 오그) 신부에게 부탁하오.

당신은 우리의 광복 운동을 성심으로 돕는 터이니,

이번 행차에 어느 곳에서나 우리 한인을 만나는 대로

이 말을 전하여 주시오. 망국의 설움을 면하려거든,

자유와 행복을 누리려거든, 정력 인력 물력을

광복군에게 바쳐 기세를 다한 원수 일본을 타도하고

조국의 독립을 완성하자.

1941년 3월 16일 충칭에서 김구

임시 정부의 정식 군대가 만들어지다

대한민국 임시 정부는 윤봉길 의거 이후 더는 상하이에 머물 수 없었어. 일본의 감시를 피해 중국 여기저기를 돌아다니다 1940년 중국 충칭에 머물게 돼. 이곳에서 임시 정부는 중국의 지원을 받아 한국광복군이라는 정규 군대를 만들었어.

임시 정부 주석이었던 김구가 충칭에서 열린 한국광복군 총사령부 성립식에 참여했을 때 나도 같이 있었어. 다른 나라에서 군

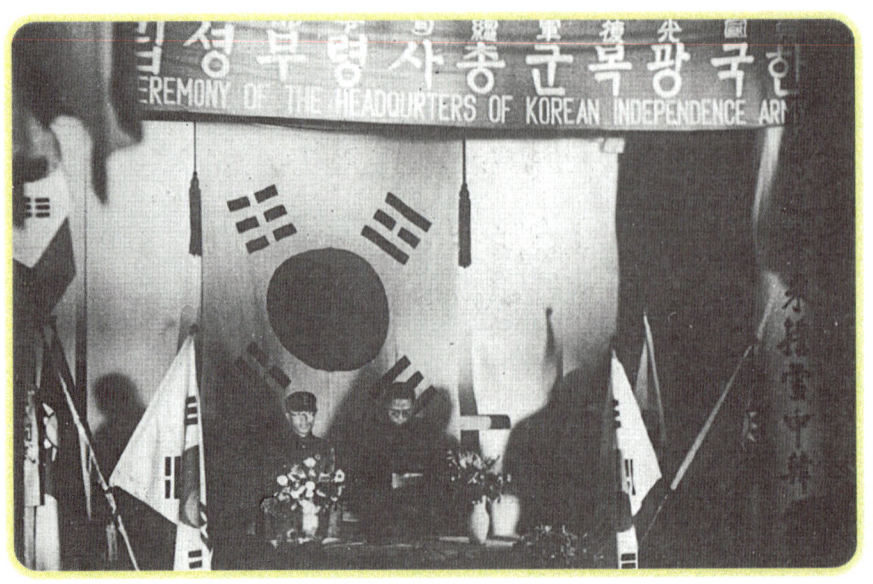

 1940년 9월 17일에 있었던 한국광복군 총사령부 성립식 모습이야. 임시 정부는 한국광복군이 만들어지면서 군대를 갖춘 정부로 한 단계 성장하게 돼.

대를 만드는 일은 쉽지 않았어. 처음에는 몇 명 되지도 않았지. 군인을 훈련시킬 사람과 훈련에 필요한 무기를 살 돈도 거의 없었어.

나는 한국광복군에게 모든 정성을 다 바쳐 독립을 이끌어야 한다는 김구의 글을 품고 매우사 신부*를 따라 미국으로 갔어. 미국에 도착한 나는 안창호의 부인인 이혜련을 만났어. 나는 미국에서 오랫동안 독립운동을 한 이혜련의 도움을 받아 독립 자금을 모으기 시작했어. 그곳에는 1903년 하와이 이민을 시작으로 미국으로 건너간 한국 사람들이 있었거든.

나는 동포들을 만나 한국광복군을 지원해 달라고 호소하는 김구의 말을 전했어. 한인들은 먹고살기 힘든 상황에서도 한국광복군이 만들어졌다는 소식에 독립운동 자금을 보냈지. 동포들의 도움 덕분에 그토록 바라던 독립이 곧 이루어질 것 같은 기분이 들었어.

* 벨기에 출신 신부로 원래 이름은 미우스 오그야. 세계 각지를 다니며 선교 활동을 했기 때문에 김구가 맡긴 태극기를 미국에 있는 이혜련에게 전달할 수 있었어.

독립을 위해 싸운 한국광복군

나는 한국광복군이 훈련이나 임무를 할 때도 늘 같이했어. 조국을 독립시키는 데 앞장선 사람들과 함께하는 것은 당연했으니까.

나는 한국광복군을 따라 중국 곳곳에서 중국군과 함께 일본군에 맞서 싸웠어. 영국군이 일본군과 전쟁을 벌였던 인도, 미얀마에도 가서 전투에 참여했지. 광복 직전에는 미군과 함께 훈련하며 일본의 정보를 빼내기 위해 몰래 국내로 들어가는 독수리 작

 한국광복군이 구보(달리기) 훈련을 하는 모습이야. 나라를 위해 건강한 신체와 정신을 가다듬는 청년들이 정말 멋지지 않니?

전을 준비하기도 했어.

　이렇게 독립운동이 활발하게 벌어지던 어느 날, 일본은 미국, 영국 등과 벌였던 전쟁에서 항복을 했어. 그리고 우리는 마침내 1945년 8월 15일, 꿈에 그리던 해방을 맞이하게 되었지.

 인도, 미얀마에 파견된 한국광복군의 모습이야. 태극기를 앞세워 참전한 군인들은 낯선 곳에서도 용맹하게 전투를 했단다.

대한민국 임시 정부 환국 기념사진

그리운 내 나라로 가자

환국 사진 속 태극기

여기는 어디일까? 이곳은 임시 정부가 가장 마지막으로 사용한 충칭 청사 앞이야. 1945년 11월 3일, 되찾은 조국으로 돌아가기 전 임시 정부 사람들이 청사 계단에서 찍은 기념사진이지.

그런데 이상하게도 표정이 그리 밝지 않지? 물론 조국으로 돌아갈 생각에 기뻤겠지. 하지만 돌아갈 조국은 안타깝게도 미국과 소련이 남과 북에 각각 보낸 군대가 임시로 다스리게 되었어. 이 사실이 임시 정부 사람들의 마음을 불편하게 했던 것 같아.

이시영의 눈물

한국으로 돌아가기 위해 상하이 비행장에 들렸던 임시 정부 사람들 사진을 봐. 이 사진에는 사람들의 미소가 보여. 그런데 유달리 눈물짓고 있는 사람이 보이네. 사진 오른쪽에 중절모를 쓰고 손으로 눈물을 훔치는 사람이 바로 이시영이야. 이시영은 1948년 대한민국 정부가 세워지자 부통령이 돼.

이시영은 조국으로 돌아가는 길에 나를 부여잡고 눈물을 흘렸

 임시 정부 사람들이 상하이 비행장에서 찍은 사진이야. 꿈에 그리던 광복을 맞은 사람들이 태극기를 꼭 잡고 있어.

어. 조국으로 돌아가는 길이 이토록 슬펐던 이유는 무엇일까?

이시영 여섯 형제는 모두 독립운동을 했어. 일본에 나라를 빼앗기자 넷째 형인 이회영이 전 재산을 처분해 중국으로 가 독립운동을 하자고 했고, 모두가 찬성했다고 해. 그들은 나라를 위해 모든 것을 내놓았지.

조국을 떠날 때는 모두가 함께였지만 해방된 조국에는 이시영 혼자만 돌아왔어. 독립의 기쁨과 혼자만 살아남은 안타까움이 뒤섞여 한 노인을 아이처럼 울게 만든 거야. 나는 조용히 이시영의 울음소리를 들을 수밖에 없었어.

대한민국 정부 수립 국민 축하식

대한민국의 국기가 되어

정부 수립 국민 축하식 속 태극기

 나라를 되찾은 지 3년이 되는 1948년 8월 15일에 있었던 대한민국 정부 수립 국민 축하식 모습이야. 여기는 어디일까? 사진 속 건물은 아마 본 적이 없을 거야. 1995년에 없어진 건물이거든.
 이 건물은 일제 강점기 때 지은 건물로, 경복궁 근정전 앞에 있었어. 일본이 우리나라를 지배하기 위해 만든 조선 총독부 건물이지.
 경복궁 근정전은 외교 사절을 맞이하거나 나라의 큰 행사가 열리던 곳이었어. 일본이 그 앞에 조선 총독부 건물을 지은 까닭은 우리나라가 일본의 지배를 받게 되었다는 사실을 공공연하게 알리려는 의도였어.

일본에게는 자랑스러운 건물이었겠지만 우리에게는 수난과 아픔을 상징하는 건물이었어. 이런 건물에서 대한민국 정부가 만들어졌다고 알리는 기념행사가 열리는 모습을 보니 슬픈 한편 가슴이 벅차기도 했어.

오른쪽 사진은 같은 건물에서 일장기가 내려지는 모습이야. 일본이 물러나자 조선 총독부 건물 옆에 걸렸던 일장기는 내려졌어. 일본의 상징인 일장기를 그만 보아도 된다니 속이 다 시원했지.

하지만 조선 총독부 건물을 바로 부수지는 못했어. 남한을 임시로 다스리기로 한 미군이 사무실로 썼거든. 조선 총독부 건물은 광복 50주년이 되는 1995년에야 비로소 사라지게 되었지.

대한민국의 국기가 된 태극기

나는 대한민국 정부 수립 국민 축하식에 대한민국 국기로 초대되었어. 아직은 내가 대한민국을 대표한다는 규칙이 만들어지

조선 총독부에서 일장기가 내려지는 모습이야. 군인들과 일장기의 크기를 비교해 보니 총독부에 걸린 일장기가 어마어마하게 컸던 것 같아.

속이 다 시원하네~

 해방을 축하하려고 거리로 나온 전라남도 광양군 목성리 주민들 모습이야. 하늘 높이 태극기를 흔드는 모습에서 해방의 기쁨이 보여.

 해방을 맞아 태극기를 남산 위에 게양하는 모습이야. 총독부에서 내려진 일장기만큼이나 큰 태극기를 자랑스럽게 게양하고 있어.

기 전이지만 당연한 거 아니겠어? 우리나라가 자유와 독립을 주장하는 순간마다 내가 있었으니까 말이야. 법이 아니더라도 사람들은 이미 내가 대한민국을 대표한다는 사실을 행동으로 보여 주었어. 어떻게 했냐고?

1945년 8월 15일 해방을 맞이한 날, 사람들은 모두 거리로 뛰쳐나와 만세를 부르며 기뻐했어. 만세를 부르는 모든 곳마다 내가 있었지. 우리나라가 해방되었다는 사실을 온 세상에 알려 달라고 사람들이 부탁해서 서울 남산에 오르기도 했어. 가슴이 뜨거워졌지.

대한민국 정부가 세워지던 그날, 내가 이토록 당당하게 휘날릴 수 있었던 까닭은 나라를 위해 일본에 저항하고 뜻을 굽히지 않았던 사람들이 있었기 때문이야. 독립운동에 앞장섰던 사람들 곁에는 내가 항상 함께했고 말이야.

한 가지 바람이 있다면, 나라를 되찾기 위해 싸웠던 사람들의 희생과 노력을 바탕으로 지금의 대한민국이 있다는 것을 기억해 주길 바라.

1948년 런던 올림픽 개막식

나라의 대표로 자랑스럽게

1948년 런던 올림픽 속 태극기

광복을 맞이한 한반도에서 혼란이 계속되는 가운데, 1948년 7월 29일 영국 런던 웸블리 스타디움에서는 올림픽이 열렸어. 올림픽 개막식에 나와 선수단은 당당한 모습으로 등장했지. 가슴에 KOREA라는 글자를 달고 처음으로 출전한 하계 올림픽이었어.

올림픽 참가는 그리 쉽지 않았어. 아직 대한민국 정부가 세워지지 않은 상황이었고, 자금도 부족했거든. 모든 상황이 힘들었지만 세계에 한국을 알리겠다는 의지로 뭉친 국민들의 응원 덕분에 선수단과 나는 우여곡절 끝에 부산에서 출발했어.

일본, 중국, 태국, 인도, 이집트, 이탈리아를 걸쳐 20여 일만에 영국 런던에 도착했지. 고된 일정 때문에 올림픽에 참가하기도 전에 이미 나와 선수들은 지치고 말았어.

이제 와서 솔직히 고백하는데, 나를 진짜 힘들게 했던 건 선수단 단복이었어. 우리에게는 첫 올림픽이었잖아. 나라를 되찾은 지 얼마 되지 않아 경황도 없었고, 너무 서두른 탓에 여름에 열리는 올림픽인데 두꺼운 천으로 단복을 만들었어. 그랬으니 고생이 말도 못했지.

 런던 올림픽 단복이야. 두꺼운 천으로 만든 겉옷을 보니 땀이 절로 나는 것 같아.

어리지만 당찬 한국인 박봉식

이런 힘든 상황에서도 우리 선수단은 국민들을 실망시키지 않으려고 최선을 다했어. 나는 그중에서도 원반던지기에 참가했던 박봉식 선수가 가장 기억에 남아.

박봉식은 한국 대표 52명 중 유일한 여자 선수였어. 거기에다 나이도 겨우 18살밖에 안되었지. 그런데도 박봉식을 향한 사람들의 기대는 대단했어. 올림픽이 열리기 세 달 전 국내에서 열렸던 원반던지기 경기에서 세계 신기록을 세웠기 때문이야.

"여자는 저 혼자이기 때문에 좀 섭섭해요. 앞으로 이런 대회에 여자들도 많이 참가하기를 바라요. 민족을 대표해 나가는 만큼 우리나라 사람들이 잘한다는 것을 뽐내도록 힘을 다할 작정이에요. 기록이라고요? 과히 뒤떨어질 것 같지 않은데요."

박봉식이 어느 신문과 인터뷰했을 때 한 말이야. 매우 당차지? 아직도 박봉식이 경기를 뛰었던 순간이 기억나. 빠르게 뛰는 박봉식의 심장 소리가 내 귀에도 들렸지. 나도 덩달아 떨렸어.

우리 선수단은 런던에 오기까지 고생한데다가 긴장한 탓에 좋은 성적을 거둘 수는 없었어. 하지만 올림픽에서 KOREA를 마음껏 쓸 수 있는 날이 왔다는 사실에 마냥 행복했어. 뿐만 아니

원반던지기에 출전한 박봉식의 모습이야. 당당하고 앳된 박봉식 모습 뒤로 관중들의 열기가 느껴져.

라 우리 민족의 저력을 전 세계에 알리겠다는 결의로 뜨거웠지.

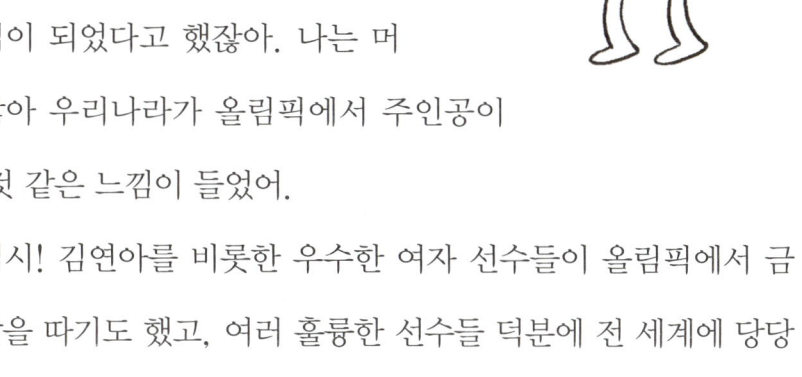

내가 원래 감이 좋은 건 알고 있지? 우리나라가 곧 독립될 거라고 생각하니까 진짜로 독립이 되었다고 했잖아. 나는 머지않아 우리나라가 올림픽에서 주인공이 될 것 같은 느낌이 들었어.

역시! 김연아를 비롯한 우수한 여자 선수들이 올림픽에서 금메달을 따기도 했고, 여러 훌륭한 선수들 덕분에 전 세계에 당당히 대한민국을 알리게 되었어. 나는 이 모든 환희와 영광의 순간을 지켜보면서 나날이 성장하는 대한민국이 자랑스러웠어.

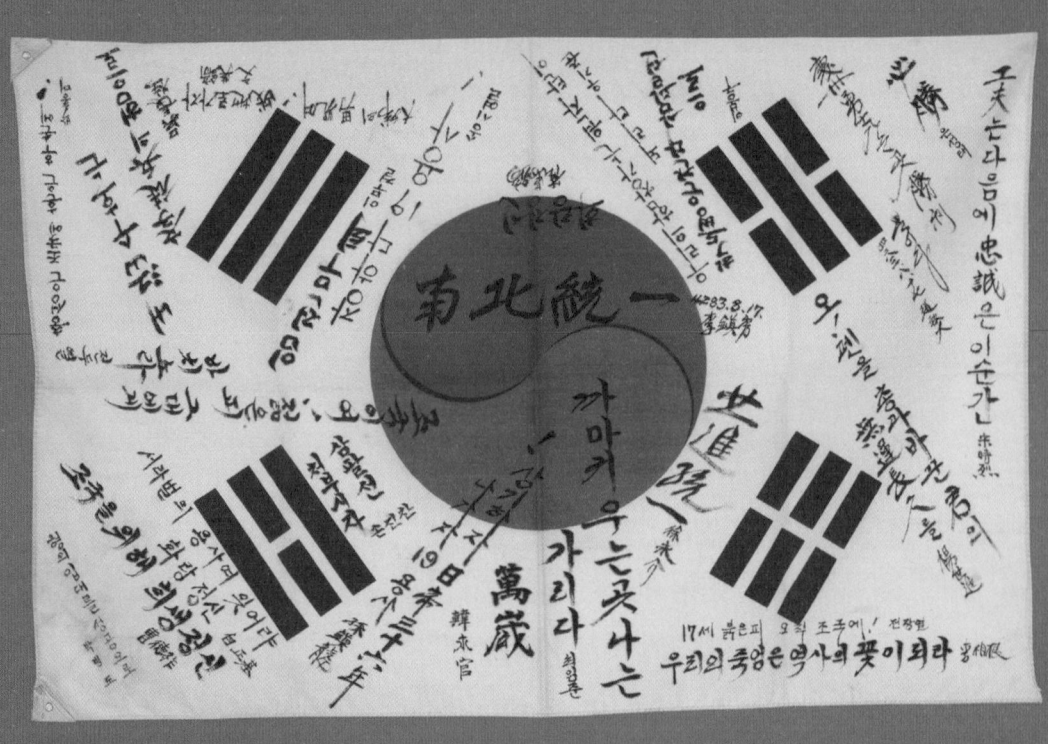

경주 학도병 서명문 태극기

전쟁 속에서 함께
아파하다

경주 학도병 서명문 태극기

내 위에 쓰인 수많은 글귀가 보이니? 몇 가지만 읽어 볼게. 우리의 죽음은 역사의 꽃이 되라, 17세 붉은 피 오직 조국에!, 조국을 위해 희생정신

경상북도 경주에 사는 학생들이 전쟁에 자원하면서 적은 글이야. 나는 비장한 모습으로 다짐을 적는 어린 학생들을 보며 눈물을 흘렸어. 학생들이 참여

한 전쟁은 다름 아니라 한민족끼리 싸웠던 6.25 전쟁이었거든.

6.25 전쟁은 1950년 6월 25일, 북한이 38선을 넘어 남한으로 쳐들어오면서 시작되었어. 갑작스런 공격에 남한 사람들은 두 달 만에 낙동강 일대까지 피난을 가게 되었지.

남한이 북한의 기세에 눌려 완전히 점령당할 위기가 오자 안타깝게도 학생들까지 전쟁에 나갈 수밖에 없었어. 학생들이 총을 들고 싸워야 하는 상대가 같은 민족이어서 더욱 끔찍했지. 게

다가 우리가 나라를 되찾은 지 5년 만에 일어났기에 더 충격이었어. 남북이 함께 나라를 일구어야 할 마당에 전쟁이 일어났으니까 말이야.

난 대한민국 상징으로서 우리나라 사람들이 가는 곳이면 어디든 함께하리라 맹세했지만, 꽃다운 젊은이들이 죽어 가는 모습을 보는 일은 너무나 괴로웠어. 1953년 전쟁은 멈췄지만 살아남은 모든 사람에게는 아픈 기억이 남고 말았어.

지금도 전쟁은 끝나지 않았어. 멈춘 상태일 뿐이지. 다시는 같은 민족끼리 싸우는 일이 일어나지 않기를, 한반도에 부디 평화가 오기를 바랄 뿐이야.

대한민국을 도운 유엔군

전쟁으로 아픈 순간에도 고마운 일이 있었어. 유엔에서는 6.25 전쟁이 일어나자 곧바로 우리나라를 돕기 위해 유엔군을 보냈어. 전 세계의 평화를 해치는 일을 막아야 한다고 생각했기 때문이지. 우리나라를 돕기 위해 온 유엔군은 16개 나라의 전투 병력과 5개 나라의 의료 지원단이었어. 대한민국을 돕는 사람들을 보며 나는 힘을 얻었지.

6.25 전쟁에 참전국 기념우표야.
6.25 전쟁에 참전한 나라는 프랑스,
영국, 네덜란드, 벨기에, 룩셈부르크,
미국, 캐나다, 필리핀, 태국,
뉴질랜드, 오스트레일리아, 콜롬비아,
남아프리카공화국, 에티오피아,
튀르키예, 그리스야.

감사합니다

나는 고마운 마음을 담아 기념우표를 발행하는 데 힘을 보태기로 했어. 6.25 전쟁에 참여한 나라의 국기와 나를 그려 넣은 우표가 보이니?

나는 그때 받았던 도움과 따뜻한 위로를 잊지 못해. 그래서 지금도 다른 나라에 어려운 일이 있다는 소식을 들으면 한국 군대와 평화 유지군이라는 이름으로 도와주러 가곤 해. 하루빨리 전 세계에 평화가 찾아오기를 바라.

4.19 혁명 시위

혁명 속 태극기

　6.25 전쟁으로 나라는 폐허가 되었지만 국민들은 힘을 모아 다시 일어서려 했어. 나는 사람들이 애쓰는 모습을 보면서 더는 눈물 흘리는 일이 없길 바랐어. 하지만 나의 바람은 이루어지지 않았지.

　대한민국 첫 번째 대통령인 이승만은 3번이나 대통령을 했는데도 계속 욕심을 냈어. 권력에 눈이 멀어 1960년 3월 15일에 있었던 정부통령 선거에서 부정한 방법을 쓰고 말았지. 사람들이 투표한 종이는 태워 버리고 대통령에는 이승만, 부통령에는 이기붕에 투표된 용지로 바꿔치기를 했어. 뿐만 아니라 개표 결과를 조작하기도 했지.

이승만과 이기붕이 부정 선거로 당선되자, 마산을 시작으로 전국에서 반대 시위가 일어났어. 이 사건을 4.19 혁명이라고 해. 4.19 혁명 당시 내가 찍힌 사진을 자세히 봐. 남녀노소, 각계각층의 사람들이 거리로 나와 부정한 선거에 반대하며 시위를 하고 있어.

이승만 정부는 힘으로 시위를 막으려 했지만 국민들의 기세는 사그라들지 않았어. 결국 이승만은 대통령 자리에서 물러났고 대한민국을 떠났지.

이후 다시 선거가 치러지고, 새로운 대통령이 뽑혔지만 4.19 혁명의 대가는 너무 컸어. 수많은 사람들이 죽거나 다쳤거든.

같은 해 6월, 4.19 혁명이 시작된 마산에서 희생된 청년과 학생들을 위로하기 위한 기념식이 열렸어. 나는 많은 사람들과 함

 1960년 6월 마산에서 열린 4.19 혁명 기념식 모습이야. 학생들이 4.19 혁명으로 희생된 사람들을 기리며 경건한 마음으로 행진하고 있어.

께 희생자들을 위해 묵념하고, 그들을 기억하기 위한 거리 행진을 했어.

큰 희생에도 불구하고 '민주(民主), 국민이 주인'이라는 이 당연한 사실이 뿌리내리기는 쉽지 않았어. 새로운 정부가 들어선 지 1년도 되지 않아 군인 박정희가 동료들을 동원해 나라를 장악하고 대통령이 되었거든. 1979년 박정희가 부하에 의해 죽임을 당할 때까지 자신의 마음대로 정치를 하는 독재는 계속되었어.

머나먼 민주화의 길

박정희 죽음 이후 사회가 혼란스러운 틈을 타 군인 전두환과 동료 군인들이 나라를 차지하려 했어. 4.19 혁명 정신을 이어받은 우리 국민이 가만있지 않았겠지? 1980년 5월 대학생을 중심으로 민주화를 요구하는 사람들이 시위를 하기 시작했어.

나는 그때 광주에서 일어난 대규모 시위에도 참여했는데, 전두환을 비롯한 군인 세력은 군대를 보내 시민들과 학생들을 향해 총을 쏘며 시위를 막았어. 평범한 시민들은 민주주의를 위해

1980년 5월 서울 시내에서 태극기를 들고 민주화를 요구하며 시위하는 사람들 모습이야.

1980년 5월 광주 금남로에서 군인을 피해 도망가는 시민과 시민을 쫓는 군인의 모습이야. 저렇게 뒤에서 군인이 쫓아온다면 정말 무섭겠지?

싸우다 희생되고 말았지. 이 사건을 5.18 민주화 운동이라고 해.

나는 5.18 민주화 운동을 하다 목숨을 잃은 사람들이 하늘로 가는 길을 지켰어. 대한민국이 국민을 위한 나라가 되길 바라며 시위를 하다가 희생된 사람들이었으니, 나라의 상징인 내가 그들을 지키는 것이 당연한 도리라 생각했거든.

1980년 5월 광주에서 희생된 시민들의 시신을 전남 도청에 모아 놓은 모습이야. 커다란 태극기를 덮어 희생된 사람들의 영혼을 위로해 주었어.

편히 쉬세요

　나와 국민들의 바람과 달리 결국 전두환은 대통령이 되었어. 당시 우리나라는 국민이 직접 대통령을 뽑지 않고, 별도로 구성된 선거인단이 대통령을 뽑았는데 전두환이 선거인단을 마음대로 조종했거든.

　사람들은 선거 제도를 국민이 대통령을 직접 뽑는 방법으로 바꾸어야 한다고 주장했어. 하지만 정부는 자신의 정치적인 뜻을 밝히거나 시위하는 사람들을 마구잡이로 잡아갔지.

그러던 1987년 1월, 민주화 운동을 하던 대학생 박종철이 경찰의 고문을 받다 사망하는 사건이 일어났어. 이를 계기로 정부에 반대하는 시위는 더욱 커졌고, 시위 과정에서 대학생 이한열도 경찰이 쏜 최루탄에 맞아 목숨을 잃고 말았어. 두 사건을 계기로 6월 민주 항쟁이 전국적으로 일어나.

〈한국일보〉에 실렸던 이 사진의 제목은 '아! 나의 조국'이야. 6월 민주 항쟁 때 박종철의 고향 부산에서 열린 시위 때 찍혔지.

나는 그날 사람들과 함께 시위를 하고 있었어. 경찰이 최루탄을 쏘아 대서 거리에 가스가 자욱했지. 사람들은 마스크를 썼지만 눈과 코가 매워 숨을 쉴 수가 없었어.

계속 최루탄이 날아들자 한 사내가 내 앞에 뛰쳐나와 "쏘지 마!"라고 외치며 경찰 앞으로 달려갔어. 그가 바로 사진에 찍힌 사람이야.

현장에서 주먹을 불끈 쥐고 뛰쳐나간 젊은이의 절규를 들으며 나는 생각했어. 조국을 사랑하기에 저렇게 두려움 없이 나설 수 있구나 하고 말이야. 내가 한가운데에 찍힌 이 사진은 전 세계로 퍼져 한국인들의 민주주의 열망을 보여 주는 상징이 되었어.

민주화 운동이 뜨거워지는 가운데 결국 6월 29일, 당시 대통령 후보였던 노태우는 대통령을 국민 손으로 뽑게 해 주겠다고 선언했어. 나와 사람들은 정말 기뻤지.

내가 아는 서울의 한 찻집 사장님은 기쁜 마음에 "오늘은 기쁜 날, 찻값은 무료입니다."라고 가게에 붙였어. 자신의 모든 것을 퍼 주고 싶었던 그 마음을 나는 충분히 이해했어. 민주주의를 향한 그들의 열망이 터져 나오는 현장에 내가 있었으니까 말이야.

민주주의를 이뤄 낸 대한민국

지금도 힘이 있는 나라나 단체가 사람들의 권리를 해치고 부당한 일을 강요할 때가 있어. 그럴 때 사람들은 어떻게 할까? 불의에 저항하고 싶은 생각은 있지만 쉽게 행동에 옮기지는 못할 거야. 그 일로 자신이 더 힘든 일을 겪거나 목숨을 잃을 수도 있기 때문이지.

하지만 우리가 어떤 민족이지? 일본 지배 아래 고통을 받으면서도 끝까지 저항해 자유와 독립을 쟁취한 민족이잖아. 그 정신과 용기가 이어져 4.19 혁명, 5.18 민주화 운동, 6월 민주 항쟁이 일어났고, 마침내는 민주주의를 이뤄 냈지. 누구도 아닌 우리의 힘으로 말이야.

아래 사진은 1919년 지금의 서울 시청 자리에서 만세 운동을 했던 사람들 모습이야. 오른쪽 사진은 1987년 같은 장소에서 민주 항쟁을 벌였던 사람들 모습이고.

70여 년이라는 시간 차이가 나지만 두 사진 속 사람들의 열망은 우열을 가릴 수 없이 모두 뜨거워 보여. 두 현장에 있었던 나

1919년 3월 1일 경성일보사(지금의 서울 시청) 앞 만세 운동

는 한민족에 대한 자부심을 느꼈어. 우리 모두가 이렇게 대단한 역사를 일궈 냈으니까 말이야. 평범한 사람 하나하나의 힘이 모여 지금의 대한민국이 된 거야.

 1987년 7월 9일 서울 시청 앞 민주 항쟁

독도 경비대와 태극기

우리의 땅
독도를 지키다

지키는 이들과 함께하는 태극기

우리나라 가장 동쪽에 있는 섬의 이름을 아니? 그래, 독도야. 울릉도로부터도 87.4km나 떨어져 있는 섬이지. 독도 크기는 187,554㎡로 서울 월드컵 경기장보다 약간 크고, 동도와 서도 그리고 작은 바위섬 89개로 이루어져 있어.

독도 동도에 있는 등대 옆에는 하늘에서도 볼 수 있게 내가 커다랗게 그려져 있어. 독도가 우리나라 땅이라는 사실을 널리 알리기 위해 내가 좀 크게 그려 달라고 했지.

독도가 우리 땅인 건 당연한 사실 아니냐고? 근데 모두가 아는 이 사실을 자꾸 아니라고 하는 나라가 있어. 바로 일본이야.

독도는 일본이 우리나라를 침략하면서 가장 먼저 빼앗아 간 땅이야. 1904년 러시아와 전쟁을 할 때 망을 보는 망루를 세우려고 1905년 2월 22일 일본이 시마네현 소속 영토로 강제로 넣어 버렸지.

니 땅도 내 땅, 내 땅도 내 땅!

당시 이 사실을 알게 된 우리나라 관리는 "독도가 일본 땅이라는 것은 터무니없다."라고 했지만, 1910년 일본에 나라를 빼앗기면서 자연스럽게 독도도 일본 영토가 되었어. 그러다 1945년 해방이 되면서 우리는 주권과 영토를 비롯한 모든 권리를 일본으로부터 되찾았기 때문에 빼앗긴 독도도 우리 영토로 돌아왔지.

그런데도 일본은 독도가 한국 침략 과정에서 빼앗은 땅이 아니라 당시 누구도 살지 않았던 영토라 주장해.

하야시 시헤이가 그린 독도 지도야. 독도 아래 일본어로 '조선의 것이다'라고 적었어.

무인도나 다름없는 땅을 일본이 발견해 차지했기 때문에 독도는 일본 땅이라는 거야.

말도 안 되는 소리지! 여기 일본이 독도를 조선 땅이라고 기록한 지도가 있어. 1785년 하야시 시헤이란 일본 학자가 그린 건데, 일본 땅은 초록색으로 조선 땅은 노란색으로 칠해져 있어. 울릉도와 독도는 조선과 같은 노란색으로 되어 있고, '조선의 것이다.'라는 일본어가 섬 아래 적혀 있어.

　이런 증거들이 수도 없이 많은데도 일본은 독도가 자기네 영토라고 주장해. 정말 터무니없는 소리지. 나는 일본의 주장을 듣고 참을 수가 없어서 독도 경비대라고 불리는 경찰과 함께 독도를 지키기로 했어.

군인이 아닌 경찰이 지키는 독도

　독도는 군인이 아니라 경찰이 지키고 있어. 일본과 다투는 지역이 아니라는 것을 강조하기 위해 나라의 질서를 지키는 경찰

이 있는 거지. 독도는 우리나라 사람들이 생활하는 대한민국 영토니까 말이야.

　그뿐만이 아니야. 독도는 대한민국 주소도 있어. 경상북도 울릉군 울릉읍 독도이사부길 55, 63, 독도안용복길 3. 모두 독도를 지킨 사람들의 이름을 따서 만들었지. 살기 불편하긴 하지만 독도에 사는 사람도 있어. 우리 땅이니까 우리나라

사람이 사는 건 당연하겠지?

독도 경비대와 몇 안되는 주민이 살고는 있지만, 사실 독도랑 함께 매일 하늘만 보고 있으면 너무 외로워. 드넓은 동해 바다에 외따로 떨어져 있는 느낌이랄까. 그러니까 독도를 잊지 말고 자주 방문하고 기억해 주었으면 좋겠어.

모두가 자유롭고 행복하게

흔히 한 나라가 만들어지려면 꼭 갖춰야 하는 세 가지가 있다고 해. 우선 땅이 있어야 하고, 그곳에 사는 사람 그러니까 국민과, 국가의 중요한 일을 스스로 결정하는 주권이 있어야 해. 그래야만 독립된 국가라고 할 수 있지.

우리는 일본에 외교권을 빼앗겨 우리의 일을 일본 마음대로 결정하게 된 적도 있었고, 주권과 영토를 완전히 빼앗겨 나라 없는 민족으로 차별받으며 살아 본 적도 있어.

이 험난한 시기를 보내고, 지

금은 우리 영토에서 자유와 행복을 누릴 권리를 가지고 당당히 살고 있지. 이제 우리가 해야 할 일은 권리와 영토를 지키고 이 땅에 사는 모든 사람들이 자유롭고 행복하게 살 수 있도록 노력하는 것이라 생각해.

마 무 리 하 며

지금까지 내 이야기가 재미있었니? 조금 복잡했지? 내가 겪었던 모든 일들이 험난했던 대한민국의 역사라서 그래. 그럼에도 불구하고 잘 들어 줘서 참 고마워.

앞서 살펴본 것처럼 나는 한민족과 떼려야 뗄 수 없는 사이야. 1949년 대한민국의 국기를 정하기 위해서 모인 사람들도 이렇게 이야기했어.

"태극기는 일제 강점기 우리 민족이 뭉쳐 싸우게 하는 구심점이었다. 수많은 선열들은 태극기를 휘날리다가 혹은 태극기를 지키기 위해서 돌아가셨다. 남과 북으로 갈라진 우리 민족이 후에 다시 합쳐지면 마음속으로부터 인정할 수 있는 단 하나의 상징이다."

위원들이 말한 나의 의미와 가치를 이해했다면 우리가 앞으로 만들어 나갈 대한민국의 모습이 어때야 하는지 충분히 그려 볼 수 있으리라 생각해.

자유와 독립을 위해 싸웠던 선조들의 뜻을 본받아 대한민국 국민들 모두 자유와 평등을 누리며 행복하게 살 수 있도록 노력해야겠지. 더불어 지금은 갈라져 있지만 남과 북이 하나가 되어 내가 존경하는 김구 선생님의 말씀처럼 제 가족을, 제 이웃을, 제 국민을 잘 살게 하기 위해서 내 자유를 쓰는 아름다운 나라를 만들어 가길 바라.

김구의 〈나의 소원〉 중
'내가 원하는 우리나라'에서

나는 우리나라가 세계에서 가장 아름다운 나라가 되기를 원한다. 가장 부강한 나라가 되기를 원하는 것은 아니다. 내가 남의 침략에 가슴 아팠으니, 내 나라가 남을 침략하는 것은 원치 아니한다. …

오직 한없이 가지고 싶은 것은 높은 문화의 힘이다. 문화의 힘은 우리 자신을 행복되게 하고, 나아가서 남에게 행복을 주겠기 때문이다. …

최고 문화로 인류의 모범이 되기로 사명을 삼는 우리 민족의 각원은 이기적 개인주의자여서는 안 된다. 우리는 개인의 자유를 극도로 주장하되, 그것은 저 짐승들과 같이 저마다 제 배를 채우기에 쓰는 자유가 아니오, 제 가족을, 제 이웃을, 제 국민을 잘 살게 하기에 쓰이는 자유다. 공원의 꽃을 꺾는 자유가 아니라 공원에 꽃을 심는 자유다. …

 에 대한 모든 것

나는 어떻게 만들까요?

바탕색은 흰색이고, 가운데에는 빨간색과 파란색으로 구성된 태극, 네 모서리에는 건(☰), 곤(☷), 감(☵), 리(☲) 검은색 4괘가 있어야 해요. 길이와 너비는 3대 2의 비율로 만들어야 하고요.

국기를 다는 깃봉 윗부분은 꽃받침 다섯 편이 있는 둥근 무궁화 봉오리 모양으로 하고, 색은 황금색이어야 해요. 깃대는 견고한 재질로 만들고 흰색, 은백색, 연두색 또는 이와 비슷한 색이어야 한답니다.

 나는 어떤 의미가 담겨 있을까요?

흰색 바탕은 밝음과 순수 그리고 전통적으로 평화를 사랑하는 우리 민족의 성격이 담겨 있어요. 가운데 태극은 어두운 기운 음을 뜻하는 파란색과 밝은 기운 양을 뜻하는 빨간색이 조화를 이루고 있지요.

우주 만물이 어둡고 밝은 기운의 상호 작용에 의해 만들어지고 발전한다는 대자연의 진리를 상징한 것이에요.

네 모서리의 4괘는 어두운 기운을 뜻하는 음효(--)와 밝은 기운을 뜻하는 양효(━)의 조합으로 만들어졌어요. 양효 3개의 건괘는 우주 만물 중에 하늘을, 음효 3개의 곤괘는 땅을, 음효 2개와 양효 1개로 구성된 감괘는 물을, 음효 1개와 양효 2개로 구성된 이괘는 불을 뜻해요. 이들 4괘는 태극을 중심으로 조화롭게 모서리에 배치되어 있지요.

우주 만물과 대자연이 만들어지는 원리를 품은 나는 끊임없이 창조하고 발전해 나가야 한다는 우리 민족의 꿈을 담고 있답니다.

나는 언제 게양할 수 있나요?

매일, 24시간 게양이 가능해요. 그중에서도 반드시 게양해야 하는 국경일과 기념일은 모두 7일이에요. 이날만큼은 꼭 나를 달아 주세요.

여기서 잠깐! 현충일은 나라를 위해 목숨 바친 분들을 기억하고 그 죽음을 슬퍼하는 날이기 때문에 조기라는 방식으로 게

조기

양해야 해요. 조기는 깃봉에서 깃발 높이만큼 여유를 두고 밑에 달면 된답니다.

| 3월 1일 (국경일) | 3.1절, 1919년 3월 1일 일어난 만세 운동을 기념하는 날 |

| 6월 6일 (기념일) | 현충일, 나라를 위해 싸우다 숨진 순국선열을 기억하는 날 |

| 7월 17일 (국경일) | 제헌절, 1948년 7월 17일 대한민국 헌법 공포를 기념하는 날 |

| 8월 15일 (국경일) | 광복절, 1945년 8월 15일 우리나라가 일본으로부터 해방된 것을 기념하는 날 |

| 10월 1일 (기념일) | 국군의 날, 한국군의 사기를 높이기 위해 만든 날 |

| 10월 3일 (국경일) | 개천절, 기원전 2333년 단군이 우리나라에 최초의 민족 국가인 단군 조선을 세웠음을 기리는 날 |

| 10월 9일 (국경일) | 한글날, 한글을 창제해 세상에 펴낸 것을 기념하고, 한글의 우수성을 알리기 위해 만든 날 |

나는 어떻게 관리해야 하나요?

　나는 곧 대한민국을 뜻하기 때문에 소중하고 깨끗하게 다뤄야 해요. 훼손되면 사용하지 말고 없애야 하지요. 특히 각종 행사나 모임에서 나를 손에 드는 용도로 만들어 사용하는 경우에는 함부로 버리지 않도록 주의해야 해요.

　때가 묻거나 구겨지면 어떻게 해야 할까요? 훼손이 심하지 않으면 세탁하거나 다려서 다시 사용해요.

　내가 그려져 있는 옷이나 기념품을 주변에서 쉽게 볼 수 있지요? 나는 대한민국의 상징으로서 여러분과 가까이 있고 싶어요.

　국기로서의 품위를 지켜 주는 한에서 나의 모습을 바꾸어도 괜찮아요. 예쁘고 멋지게 디자인하여 활용해 주세요.

참고문헌

F.A.McKenzie 지음, 신복룡 옮김, 《대한 제국의 비극》, 집문당, 1999.
국립대구박물관, 《순국 100주년 안중근 국채보상운동, 동양평화로 피어나다》, 국립대구박물관, 2010.
국외소재문화재재단 엮음, 《한미우호의 요람 주미대한제국공사관》, 국외소재문화재재단, 2017.
김육훈 지음, 《살아 있는 한국 근현대사 교과서》, 휴머니스트, 2007.
김호일 엮음, 《대한국인 안중근》, (사)안중근의사숭모회, 2010.
김구 지음, 도진순 주해, 《백범일지》, 돌베개, 2011.
김용달 지음, 《대한민국 임시 정부 그 100년의 역사》, 역사공간, 2019.
권보드래 지음, 《3월 1일의 밤》, 돌베개, 2019.
대한민국임시정부자료집 편찬위원회, 《대한민국임시정부자료집18: 구미위원부Ⅱ》, 국사편찬위원회, 2007.
독립기념관 교육센터, 《독도 역사 이야기》, 독립기념관, 2013.
독립기념관 교육센터, 《3·1운동: 자유와 독립을 향한 외침》, 독립기념관, 2018.
독립기념관 학예실, 《대한민국 스포츠, 고난과 환희의 역사》, 독립기념관, 2016.
〈동아일보〉 1948년 6월 20일자 2면
박도, 《개화기와 대한제국, 1876–1910: 빼앗긴 근대와 자주독립》, 눈빛, 2012.
박찬승, 《한국독립운동의 역사 33: 언론운동》, 독립기념관 한국독립운동사연구소, 2009.
이현표, 《우주를 품은 태극기》, 코러스, 2015.

참고누리집

국사편찬위원회 한국사데이터베이스 http://db.history.go.kr
독립기념관 한국독립운동시스템 https://search.i815.or.kr
문화재청 http://www.cha.go.kr
민주화운동기념사업회 오픈아카이브 https://archives.kdemo.or.kr
행정안전부 https://www.mois.go.kr

사진제공

경향신문, 고명진, 독립기념관, 백범김구선생기념사업협회, 3.15의거기념사업회, 손기정기념사업회, 연합뉴스, 위키커먼스